치매라도 삶은 끝나지 않아
잊은 만큼 채워 가기

이 책은 일본의 공영방송 NHK에서 2015년 12월 14일에 방영한 **[우리가 전하고 싶은 것 - 치매 당사자로부터의 메시지]**에 기반하여 제작된 책 [認知症になたにても 人生は終わない] 을 번역한 것입니다.

認知症の本人の声 PROJECT

は認知症です。記憶障害などで生活に不便はありますが、昔も今も、そしてこの先も、私は私に わりありません。そして、私には話したいことがたくさんあります。皆さんに聞いてほしいこ…

認知症の本人の声PROJECT
（大城勝史）

認知症の本人の声PROJECT
（福田人志）

認知症の本人の声PROJECT
（町田克信）

認知症の本人の声PROJECT
（曽根勝一道）

認知症の本人の声PROJECT
（近藤英男）

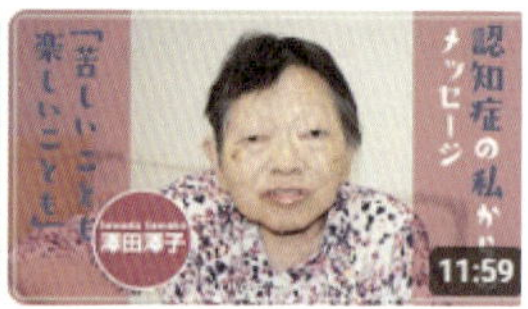

認知症の本人の声PROJECT
（澤田淳子）

이 책을 왜 출판하고 싶었을까?

번역 **김진아**

제가 이 책의 존재를 알게 되고 한국에도 꼭 소개되었으면 좋겠다고 생각한지 어느덧 5년이 되었습니다. 여러 출판사에 출판의뢰를 하다가, 결국 직접이라도 출판하기로 결심했습니다.

그저 한국에서도 많은 분들이 저자들의 목소리를 들어주면 좋겠다는 생각이었습니다만, 마무리 단계에 접어드니 '왜 이 책을 꼭 출판하고 싶었을까?'하는 의문이 들었습니다.

시작은 2020년 10월 우연히 보게 된 '인지증 본인 목소리 PROJECT(認知症の本人の聲PROJECT)'라는 유튜브 영상이었습니다. 그 시리즈의 영상을 보다가 2017년 7월 마지막날 떠나신 외할머니를 떠올렸습니다. 가족 중에 치매 환자가 생기면, 당사자분 뿐 아니

라 가족의 삶에도 많은 변화가 생깁니다. 할머니를 보내 드린 후에도 저는 늘 '그 때 치매에 대해서 좀 더 알았더라면 어땠을까?', '아, 그 때 이렇게 해드릴 걸'하며 지난 시간을 곱씹곤 했습니다.

사람들은 할머니를 만날 때마다 "제가 누군지 알겠어요?"하고는 본인이 기억하는 할머니와의 추억을 털어놓기 바빴습니다. 과연 그 날 할머니가 얘기하고 싶었던 것은 무엇이었을까요? 할머니의 마음을 가만히 들어보고, 할머니가 생각하는 어제와 오늘 이야기에 귀 기울였다면, 어쩌면 일상 속 할머니의 모습을 조금 더 오래 만날 수 있었을 텐데 말입니다. 그런 아쉬움을 마음 깊이 간직하고 있던 그때, 저는 그 영상을 보았고, 이 책을 만나게 되었습니다.

그런데, 이 책을 다시 읽다 보니, 할머니를 떠올리던 마음은, 점차 "내가 만약 치매를 겪게 된다면 이렇게 이야기하고, 이렇게 활기차게 살아가면 되겠구나!" 하는 나의 문제로 생각이 이어졌습니다.

나의 내일 준비를 위한 이야기였던 것입니다. 이 책을 읽는 여러분들의 마음 속에도 이런 제 느낌이 가 닿았으면 좋겠습니다.

저의 부족한 글 솜씨로 읽기에 다소 걸림이 있을지 모르지만, 부디 이 책을 통해 원작자분들의 마음에 귀기울여 주시고, 이 책이 한국에서도 치매 당사자분들의 솔직한 마음을 들어볼 수 있는 기회를 마련하는 작은 첫걸음이 되기를 간절히 바랍니다!

김진아

일본 교토에 있는 리츠메이칸(立命館)대학에서 경제학을, 세종대 공공정책대학원에서 사회복지학을 공부했다. 커뮤니티 케어와 인간의 생활을 위해 기술을 활용하는 것에 관심이 많다.

 치매인 우리를 대표해서

단노 토모후미

지금 이 책을 읽고 계신 여러분 중에 치매로 인해 절망 한가운데 계신 분도 많을 것 같습니다.

이 책은 우리가 그런 여러분에게 보내는 메시지입니다.

저는 4년 전, 치매진단을 받았습니다, 여기 저기 정보를 찾아보니 '2년 후에는 침대에 누워서만 지내게 된다.'는 정보가 있었습니다. 그 때 저는, 치매는 곧 삶의 끝이라고 믿게 되었습니다.

그러던 어느 날, '아, 나도 저런 사람이 되고 싶다'고 생각하게 하는 분을 만나게 되었습니다. 그 분은 2년은커녕, 진단 후 8년이 지났는데도 활기찬 생활을 즐기고 계셨습니다. '뭐야, 내 생각이 틀렸네! 치매라도 저렇게 생활할 수 있구나' 하는 생각을 하게 되니, 마음이 굉장히 편해졌습니다.

그리고, 가족 이외에 누군가 한 사람에게는 자신에 대해 얘기해야 합니다. 가족은 아무래도 짐이 될 것 같아 얘기하기 힘듭니다. 가족이 아닌 사람에게는 오히려 말하기 편할 수도 있습니다.

딱 한 사람이면 됩니다. 한 사람이라도 얘기해보면, 어떤 도움을 받게 되기도 하고, 그러고 나면, '한 사람 더 얘기해볼까?'하는 생각도 들고, 점점 많은 사람에게 얘기할 수 있습니다.

제 경우는 술자리에서 술기운을 빌려 "사실, 나 알츠하이머야" 라고 얘기했어요. "다음에 만났을 때, 너희들을 기억하지 못한다면 미안해."라며 너스레를 떨었습니다 그랬더니, 친구가 "괜찮아. 네가 잊으면 우리가 기억해 줄게" 라면서 "우리 앞으로 정기적으로 만나자."라고 말해주었습니다. 그 순간, '그래, 이제 기억하지 못해도 괜찮아. 내가 기억하지 못해도 모두가 기억해주면 되니까.' 라고 생각하게 되었습니다. 그 때부터는 훨씬 편하게 이야기할 수 있게 되었습니다.

세상에는 '치매에 걸리면 모든 것이 끝난다'고 외치는 부정적인 정보가 넘쳐납니다. 그런 정보 때문에 자신을 절망의 끝까지 몰고가는 이른바 '조기 절망'에 빠지는 사람도 있습니다.

하지만, 치매 진단 이전과 다름없이 주위 사람들과 웃으면서 살아가는 사람들이 있습니다.

이 책은 치매 진단 후에도 긍정적으로 살아갈 수 있는 팁들을 빼곡히 담고 있습니다.

목차

1 전해줘, 우리의 목소리!

2 치매인 우리가 치매인 당신에게

3 나의 속마음

1

전해줘, 우리의 목소리!

曽根勝一道

Sonekatsu Kazumichi

치매라도 할 수 있는 일이 많을 거야.
앞으로 지금 보다 더,
앞으로도 하고 싶은 일을 찾아서
파이팅하고 싶다

소네카츠 카즈미치

「認知症の人」は普通の人です。

樋口直美

Higuchi Naomi

'치매인 사람'은 그냥 '사람'입니다.

히구치 나오미

15

杉本欣哉
Sugimoto Kinya

치매라도 억울할 것 없어
우리 모두 친구가 있으니까

스기모토 긴야

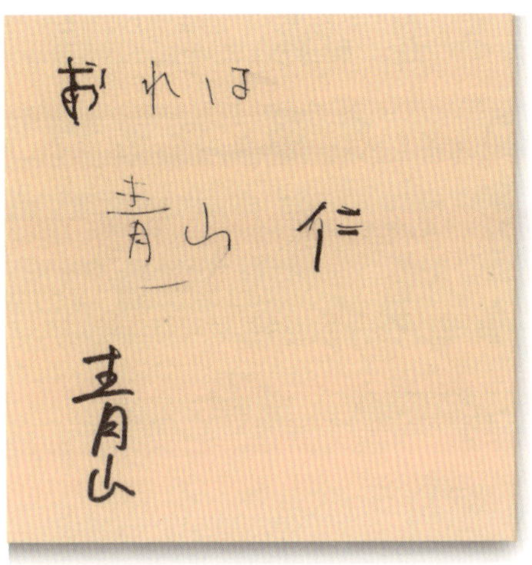

青山仁

Aoyama Hitoshi

나는 아오야마 히토시

아오야마

아오야마 히토시

奥公一
Oku Kouichi

치매라도 인간으로서

존엄을 가지고 생활하고 살아갈

수 있는 사회를 향해 한 발 한 발

착실히 활동하며 살아가고 싶다!!

오쿠 코우이치

丹野智文
Tanno Tomofumi

할 수 있는 것을
빼앗지 말아줘.
못하는 것만 도와줘!!

탄노 토모후미

生きるという
意思は固く
心は、やわらかく

福田人志
Fukuda Hitoshi

살고자 하는 의지는 강하게,
마음은 부드럽게

후쿠다 히토시

町田克信

Machida Katsunobu

나에게 솔직하게 살자.

마치다 카츠노부

忘れちゃうけど
今、分とか
なっている。

自分も
役に立っているんだ
って 思いたい

にんちしょうになっても
こわいはない。
これから、
たのしい世界だ

苦労したけど
今幸せ

기억하지 못해도,
지금. 그럭저럭
해내고 있어.

나도 누군가에게
도움이 된다고
생각하고 있다.

치매라도 후회는 없어

이제부터
즐거운 세상이다

힘들었지만
지금 행복해

私たち抜きに
私たちのことを
決めないで！

人は人
俺は俺。

腫れ物に
さわるように
扱わないで

社会とつながる
場があると、
自信が持てる

나를 빼고
내 일을
결정하지마!

남은 남
나는 나.

종기 만지 듯
하지 않았으면

사회와 연결되는
곳이 있으면
자신감이 생겨

叱らないで
笑って許して。

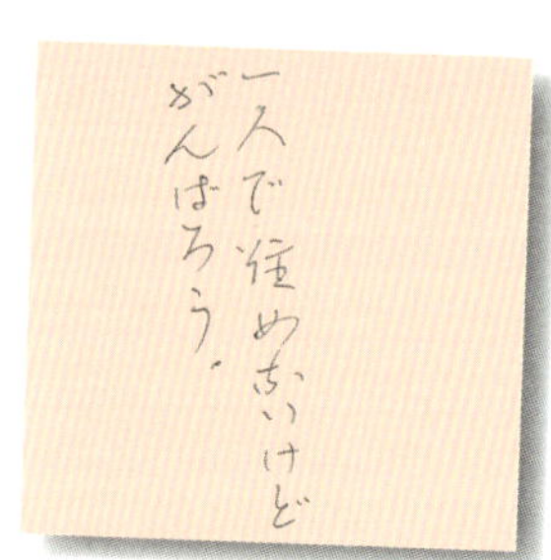

「認知症です」
「あっそうなの」
それくらい普通に

認知症と診断
されただけで、
ポイっと捨てないで

화내지 말고
너그럽게

혼자서는
살아갈 수 없지만
파이팅

"치매야"

"아, 그래"

이렇게 아무렇지 않게

치매 진단
받은 것만으로
쓰레기처럼
버리지 마.

うまく 言えないけど
話したいことは
沢山ある。

自分が
壊れていく不安に
押しつぶされそうです

ゆっくり
待って くれれば
できることは
たくさん ある。

認知症患者と呼ばないで
Don't call us the patients.
認知症と共に生きる人です。
We're living with
dementia.

말을 잘 할 수는 없어도,
얘기하고 싶은 것은
많아요.

자신이 부서져간다는
불안에 짓눌릴 것
같아요

천천히 기다려주면
할 수 있는
일은 많다

치매환자라고 부르지
말아줘.
치매와 함께 살아가는
사람이야.

わかい時はものわすれしなかった
ことはなかったけど年とともに
わすれことがあります
みんないっしょう

認知症に
なっても
人生は終わらない

忘れてる
実感がない
ちゃんとおぼえてる

認知症になっても
いつも家族も明るく
もって元気よく生きて
いてほしい

젊었을 때는 건망증이
없었지만, 나이 먹으면서
잊어버리는 일이
생겼어요. 모두 그래요.

치매라도
인생은
끝나지 않아

잊어버렸다는
느낌이 없다.
잘 기억하고 있다.

치매라고 해도
항상 기분은 밝게
활기차게
살아가고 싶다.

忘れる事は おぼえる事

徘徊ではない
目的があって
歩いている

お医者さん
私の顔を見て
話して!!

不眠ではあるが
不幸ではない

잊는다는 것을
기억하자

배회하는 것이 아니라
목적을 가지고
걷고 있는 것

의사선생님
내 얼굴을
보면서
얘기해요!!

불편하지만
불행하지는 않아

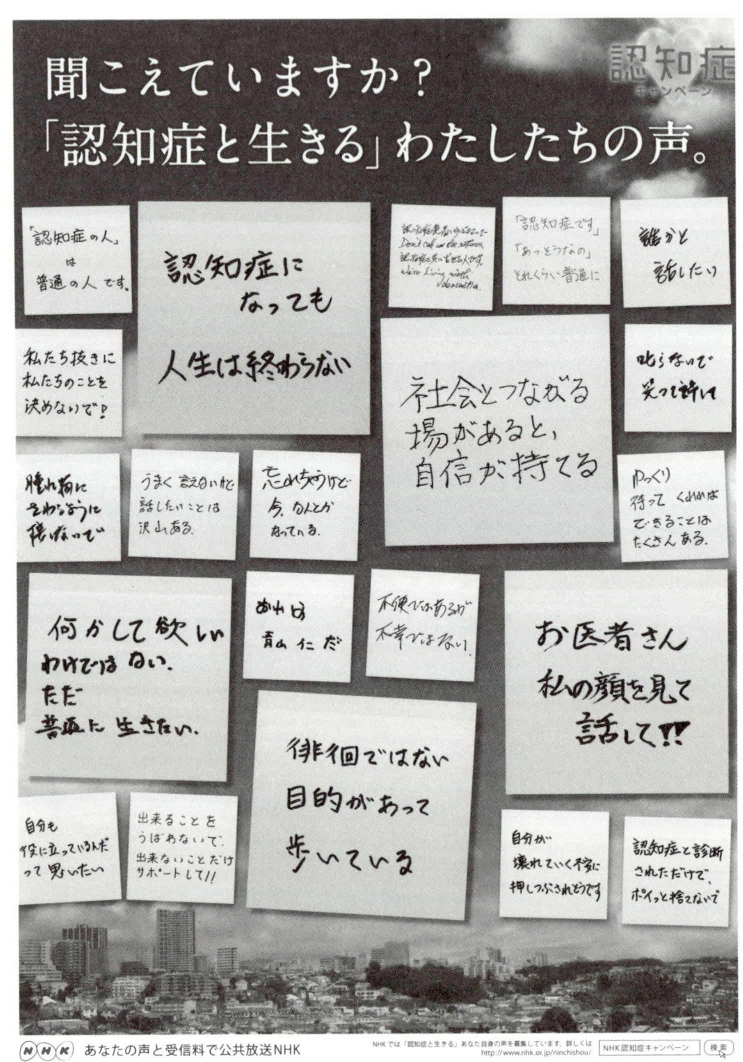

◆ 우리의 목소리를 포스터로 만들어봤습니다.
이들의 목소리는 모두 치매와 함께 살아가는 우리들이 쓴 글입니다.
'우리의 목소리를 들어주세요'라는 사회를 향한 메시지. 그리고,
'좀 더 목소리를 내자!'라는 동료의 메시지.

◆치매와 함께 살아가는 여러분.
이 포스터를 보시면 빈 곳을 채워주세요.

2

치매인 우리가
치매인 당신에게

치매인 당신에게 전하고 싶은 말

오쿠 코우이치 75세

의사가 '치매'라는 진단과 함께 '앞으로 10년도 살 수 없다.'는 선고를 했을 때, 병원에서도 쫓겨나 듯 나올 수밖에 없었습니다.

나는 앞으로 어떻게 하면 좋을까? 고민했고, 가족들도 간병은 어떻게 하지? 어떻게 살아 가야 하나? 하는 걱정으로 막막한 상황으로, 모두 고민 속을 헤매다 고뇌와 슬픔, 고독의 세계로 빠져들었습니다.

하지만, 집에 틀어박혀, 병을 원망하고, 슬퍼하며, 고독이라는 암흑 속에만 머물면 절망의 늪에서 영원히 빠져나올 수가 없습니다. 살아 있다는 희망, 살아가는 즐거움, 살아가는 힘을 잃어버리게 됩니다.

제 경험을 말씀드리면, 사람은 절대 혼자서는 살아갈 수 없다고 생각합니다. 사람이라는 존재는 동료, 사회와 이어져 있어야 살아갈 수 있고, 살아지는 것이라 마음 속 깊이 느끼고 있습니다. 동료, 사회와 연결되어 있을 때 비로소 살아가는 기쁨, 삶의 희망을 느낄 수 있습니다.

만일, 당신이 고독 속에 갇혀 있다면, 지금 바로 움직여

보기를 권합니다.

‘치매 가족 모임’이나, ‘치매 카페’, 같은 곳을 찾아보고, 또 주변의 ‘지역포괄지원센터’, ‘안심상담실’, ’사회복지협의회’ 같은 곳에 가 보세요. 분명, 당신과 같은 동료가 있는 곳을 찾을 수 있습니다.

일단 찾으면 어떻게 하냐고요?

그렇습니다. 바로 집 밖으로 나서는 겁니다. 그 곳에 같은 고민을 가진 동료들이 기다리고 있습니다. 그곳에서 어떤 이야기라도 해보세요. 당신의 고민, 괴로움, 궁금한 점 등등… 분명, 어떤 것이라도 힌트를 얻을 수 있습니다.

같은 고민이 있는 사람들과 이야기하다 보면 지금까지 암흑 속에 빠져 있던 당신에게 처음에는 미미하더라도 희망의 빛이 보이기 시작할 것입니다.

그 다음은 당신이 할 수 있는 일, 자원봉사나 취미 활동 같은 어떤 활동이라도 무엇이라도 스스로 시작해 보세요. 그 활동을 통해서 반드시 동료, 사회와 이어질 수 있습니다. 그러면 조금씩 '살아가는 힘'이 끓어오를 것이고, 그것이 '살아 있다는 희망', '삶의 기쁨', '삶의 보람'으로 이어질 것입니다.

아직도, 사회에는 우리 치매 환자에 대한 오해와 차별, 편견이 존재하는 것이 사실입니다. 하지만 우리의 삶이 괴로운 것을 그 탓으로 생각한다고 해서 해결되는 것은 아무 것도 없습니다. 오히려 그것에 지지 않고, 스스로 삶의 힘을 믿으며, 이 사회를 바꾸어 나가보자는 의지를 가질 때, 비로소 이 병을 짊어지고 살아갈 수 있게 됩니다.

주제넘은 이야기 같지만, 제가 전하고 싶은 것은 고독해지지 않고, 동료, 사회와 연결되어 의욕을 가지고 긍정적으로 살아갔으면 하는 바람입니다.

또 한 가지, 저는 '치매라서 다행이다.'라는 말은 입이 삐뚤어져도 할 수 없습니다만, 치매로 '제 2의 인생, 새로운 인생을 개척하게 되었다'고는 생각합니다.

만약 이 병이 아니었다면, 가끔 빈둥거리고 '매일이 일요일’인 듯 게으른 인생을 보내면서 나이 들고, 아무 목적 없이 인생을 마쳤을 것이라고 생각합니다. 틀림없이 그런 무의미한 인생이었을 것입니다.

그러나 이 병 덕분에 ‘지금부터 이 짧은 인생을 어떻게 살아갈 것인가?’를 진지하게 생각하게 되었습니다. 의사가 통보한 것처럼 남은 인생이 10년, 어쩌면 병의 진행에 따라 4~5년일 수도 있습니다. 아니면 2~3년 뒤에 기억과 말을 잃어버릴지도 모릅니다.

하지만, 이 얼마 남지 않은 인생을 ‘어떻게 살 것인가?’ ‘무엇을 보람’삼아 살아갈 것인가? 한정된 인생 속에서 어떻게 하면 ‘나의 발자국을 남길 수 있을까?’,’내가 살았다는 증거가 남을까?’를 고민하며 후회 없이 하루하루 살아갈 수 있게 되었습니다.

저는 드디어 귀중한 제2의 인생, 그것도 희망이 넘치는 인생을 갖게 되었습니다.

어떤 의미에서는 치매 덕분에 짧지만, 의미 있는 제2의 인생을 얻게 되었다고 생각합니다.

오쿠 코우이치

1941년생 효고현 아시야시 출생. 고등학교 졸업 후, 석유회사에 입사, 영업사원으로 근무. 정년퇴직 후, 본인은 기억하지 못하는 사건들로 경찰조사 받는 일이 많아졌고, 전두·측두엽형 치매로 진단. 그 때까지의 알 수 없는 행동 원인이 '병'이었다는 것에 안심.

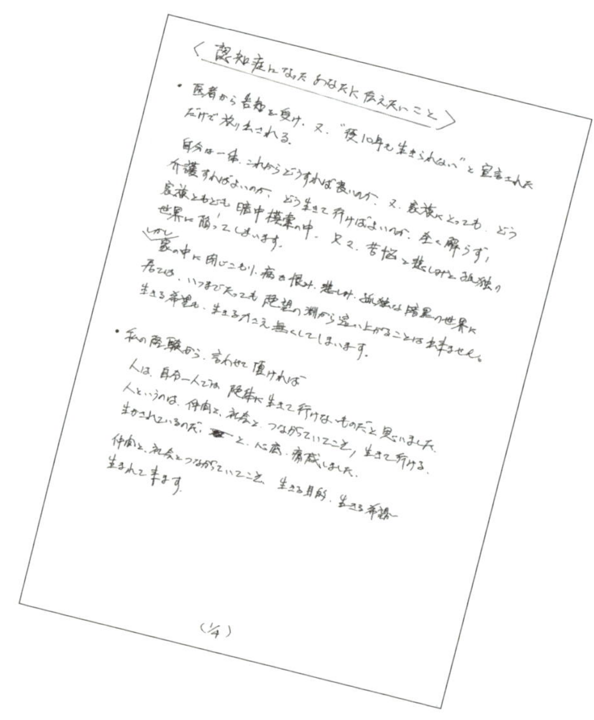

〈 認知症になった かな方に 伝えたいこと 〉

• 医者から告知を受け、又、"後10年も生きられない"と宣告される
だけで 放り出される。
自分は一体、これからどうすれば良いのか、又、家族にとっても、どう
介護すればよいのか、どう生きて行けばよいのか、全く解らず、
家族ともども 暗中模索の中、又、苦悩と悲しみと孤独の
世界に陥ってしまいます。
しかし、家の中に閉じこもり、病の恨み、悲しみ、孤独の暗黒の世界に
居ては、いつまで たっても 絶望の淵から 這い上がることは出来ません。
生きる希望も、生きる力さえ 無くしてしまいます。

• 私の経験から、言わせて頂ければ
人は、自分一人では 絶体に生きて行けないものだと 思いました。
人というのは、仲間と、社会と、つながっていること、生きて行ける。
されているのだ。又、心病、病成しました。
仲間と、社会とつながっていること、生きる目的、生きる希望
生きれると 来ます。

(1/4)

중요한 것은 주변에 마음을 전하는 것

마찌다 가쯔노부 65세

안타깝게도 현재상황에서 치매는 그 진행을 늦추는 방법만이 최선이다. 수술해서 나을 수 있는 병이 아니니까, '병을 받아들이고 함께 걸어간다'는 마음이 중요하다.

실제로는 기억력이 점점 나빠지거나, 익숙하지 않은 일에 대한 대응이 힘들어지는 등 불안을 느끼는 경우가 많아지겠지만, 그럴수록 무엇보다 행복한 마음을 유지하면서, 자신이 즐겁다고 생각하는 일을 하는 것이 중요하다.

치매에 대한 이해가 없는 사람들은 병을 일방적인 시선으로 단정하고, 모든 면에서 부정적으로 생각하는 경향이 있다. 그러나, 시간이 걸리더라도 할 수 있는 일들이 있으니까, 만일 곤란한 일이 생겼을 때는, 주위 사람들에게 자신의 생각을 알리는 것이 중요하다.

가능한 한 활동할 수 있는 장소를 늘리고, 잊는 것을 두려워하지 말고 다양한 정보를 더 많이 접해서 순환시키면 된다. 그리고 '나'답게 솔직하게 살아가보자.

마치다 가쯔노부

1951년생 도쿄 하치오지 출생. 전기공학을 공부하고 전기용품 안전시험 일을 오래했다. 아마추어 무선 햄을 취미로 지금도 계속하고 있다.

「認知症と生きる〜人生は終わっていない」

認知症は、現時点では残念ながら進行を遅らせる事しかできない。手術をすれば治るという病気ではないので、「病を受けとめ、共に歩むこと」が大事である。現実には、記憶力がだんだん落ちてきたり、慣れない事柄に対応が難しくなる等不安を感じることが多いが、まずは、なるべく心の状態をハッピーに保ちながら、自分が楽しいと感じることをするのが重要だ。

認知症に理解の無い人は、病気について一方的な見方をして、全面否定するような傾向がある。けれど、時間をかければ出来る事もあるので、自分が困った時、周囲に思いを伝える事が大切だ。なるべく活動出来る場所を多く持ち、忘れる事を恐れずに、いろいろな情報をどんどん入れて、循環させれば良いのだ。そして自分らしく正直に生きよう。

平成二十八年五月一日

町田克信

매일
분투 중

오오시로 가쯔시 42세

수년간 초로기 치매(알츠하이머)일지도 모른다는 두려움 속에서도, 다시 영업직으로 복귀하겠다는 목표를 가지고 열심히 노력하고 있었습니다.

'계산하면서 걷는 뇌 트레이닝 산책', '근육 트레이닝 스트레칭' 등 필사적인 뇌 활성화 재활! 기억 장애·지리학적 실인(*잘 아는 곳에서 길을 잃거나, 익숙한 건물이나 풍경을 인식하지 못하는 증상)에 대한 보완 수단 실행! 등 열심히 하면 반드시 좋아진다. 영업직으로 반드시 복귀할 수 있다고 스스로를 믿고 의심하지 않았습니다. 하지만 여러 증상 때문에 영업직으로 복귀할 수 없는 상황이….

뇌피로가 조금씩 더 심해지고, 뇌체력도 떨어지고.

2012년 뇌염 치료를 받은 후 처음에는 4일 연속 출근도 할 수 있게 되어서, 주 5일 근무로 출근일을 조정했는데, 2016년 현재 겨우 주 4일 근무. 2일 연속 근무를 두 번 하는 식으로… 그런데도 컨디션이 무너지는 날이 종종…

컨디션이 좋지 않아 회사를 조퇴하고 일을 쉬는 날이면

자신의 무능함에 눈물이 날 때도 있었습니다.

병 때문이라는 것을 알면서도 눈물이….

방향감각은 점점 더 나빠지고…

작은 지도를 붙인 메모장을 보면서 자전거로 출퇴근을 했지만 점점 길을 잃는 날이 많아져서, 아내가 만들어 준 커다란 지도와 사진에 의지해서 통근.

자전거로 출근을 하다가 길을 잃어, 아내나 동생에게 도움을 구한 적도 있습니다. 한심한 자신의 모습에 눈물이…. 통근마저 제대로 할 수 없는 자신의 모습에 왠지 억울해서 눈물이…

요즘은 지도에 의지해서 버스정류장까지 가서, 회사까지는 버스로… 집근처에서도 길을 잃는 일이 생겨서 버스로 통근하기 시작. 자전거로 이동하면, 뇌를 너무 많이 쓰게 되고 그만큼 뇌체력이 소진되기 때문입니다.

여전히 다른 사람의 얼굴과 이름을 기억하지 못합니다. 아무리 노력해도 외워지지가 않고, 얼굴만이라도 기억할 수 있으면 좋겠는데… 주 4일 만나는 직장 동료도 마찬가지. 지금도 기억하려고 애쓰면서 모두의 얼굴을 보고 있지만, 도무지 외울 수가 없습니다. 기억력은 고작 하루 정도. 어제 일도 거의 기억하지 못합니다.

병 때문이란 것을 알면서도 기억하지 못하는 자신에게 화가 나고 억울해서 자꾸 눈물이.

아무리 열심히 노력하고, 나 자신을 믿고 재활을 해도 뜻대로 되지 않습니다… 나도 모르게 눈물이… 억울하고… 슬픈 눈물이 멈추지 않습니다.

그래도, 반드시 영업직 복귀를 할 수 있을 것이라고 믿었는데, 2015년 4월 초로기 알츠하이머로 진단.

처음 든 생각은 '역시… 그럴 줄 알았다.'였습니다. 해가 갈수록 몸이 나빠진다는 걸 느낄 수 있었고, 여러가지 일들이 주마등처럼 스쳐 지나갔습니다. 뇌 피로, 점점 방향 감각은 더 없어지는 것 같고, 사람들의 얼굴과 이름도 기억하지 못하고…

영업사원들이 고객과 대화하는 모습을 보면 '부럽다. 나는 대체 뭘 하고 있는 걸까? 세차나 하고…'하는 생각에 한심하기도 하고 억울하기도 해서 눈물을 흘리기도 했습니다. 영업직 복귀를 위해서 정말 열심히 노력했는데… 필사적으로…

'이제 다시는 예전의 나로 돌아갈 수 없다.'

'이 병이 진행되면 어떻게 될까? 무섭다.'

'일을 할 수는 있는 걸까? 생활은 어떻게 해야 하지?'

'가족들이 많이 힘들어할 텐데… 그런 건 정말 싫다.'

'혼자서는 아무 것도 할 수 없게 되면 어떡하지?…'

어두운 미래만 보여 눈물이 멈추지 않았습니다.

공포, 불안, 억울함, 당혹감, 절망… 여러가지 감정이 마구 섞여 눈물로 흘러내렸습니다.

느끼는 감정 그대로 눈물만… 감정을 억제하지 못하고 울었습니다.

울다 지친 걸까요? 한 바탕 울고 나니 냉정을 되찾게 되었습니다.

지금도 그렇습니다. 어떤 상황에서 울게 되더라도, 생각할 여유가 생겼고, 한 줄기 빛을 볼 수 있게 되었습니다.

만약 어떻게 해야 할 지 모르는 순간이 온다면, 가족이나 주변 사람들, 혹은 같은 병을 가진 사람들이나, 서포터들에게 물어봅시다.

혼자 생각하는 데는 한계가 있습니다. 스스로를 위해 도움을 청해봅시다. 건강한 사람, 치매인 사람, 상관없이 사람들은 서로에게 기대어 살아가는 존재입니다.

기대는 것은 결코 부끄러운 일이 아닙니다. 도움을 청하면, 많은 동료들과 만나 '나만 이런 고민을 하는 게 아니구나'하고 안심할 수 있습니다. 많은 동료들이 도와줄 것이고, 어떤 문제라도 답을 찾을 수 있을 것입니다.

다시 힘이 솟아오르면, 나답게 살아갈 수 있도록 무엇이든 해보세요. 일이나, 자원 봉사나, 취미 활동이나 어떤 것이라도 좋습니다. 생활에 활력을 찾을 수 있습니다.

오오시로 가쯔시

1975년 오키나와현 토요미시로시 출생. 지역 고등학교 졸업 후 자동차 정비공으로 근무. 2008년 대기업인 자동차회사에 영업직으로 입사. 2010년 머리가 무거운 듯한 위화감, 두통, 나른함을 느낌. 당시에는 뇌염으로 진단받아 다양한 약으로 치료받음. 2015년 알츠하이머형 치매 진단. 현재는 영업직에서 세차담당으로 전환 배치되어 업무를 이어가고 있다.

증상은
당신의 가치와
상관 없습니다

히구치 나오미 54세

치매라는 병을 진단받으면 아무 것도 할 수 없게 될까요? 가족이나 다른 사람들의 짐이 되는 것일까요? 자기 자신이 아닌 다른 존재가 된다고 생각하시나요?

아뇨, 그렇지 않습니다. 예전의 잘못된 정보일 뿐입니다. 진단을 받은 우리가 그 사실을 몸소 증명하고 있습니다. 진단을 받아 깊은 상처를 입은 지금, 갑자기 할 수 없는 일이 많아졌다고 느낄지도 모릅니다. 우리도 역시 그랬습니다. 깜깜한 어둠 속 바닥 밑까지 내팽개쳐진 채, 고독하게 계속 나빠지기만 할 것이라고 생각했습니다. 그런데, 전혀 달랐습니다.

이 병은 스트레스를 받으면 일시적으로 증상이 굉장히 나빠집니다. 하지만, 마음 편히 다른 사람들과 웃음을 나누다 보면 새로운 일도 해낼 수 있게 됩니다. 지금, 갑자기 여러가지 일을 할 수 없게 되었더라도, 그것은 힘든 마음 때문에 받은 스트레스 탓입니다.

우리들은 그런 암흑 속에서 벗어나, 지금은 새로운 삶의 보람과 행복을 느끼며 활기차게 살아가고 있습니다.

다양한 계기가 있겠지만, 같은 병을 가진 사람들과 만나, 얘기를 나눈 것이 도움이 됐다는 사람들이 많습니다.

책이나, 인터넷에서는 치매의 힘든 점에 대한 정보만 접하게 될지도 모릅니다만, 같은 병을 가진 사람들을 직접 만나보면, 모두가 활기차게 생활하고 있다는 것을 알 수 있습니다.

혹시, 같은 병을 가진 사람들을 만날 수 없다 하더라도, 요즘은 치매 당사자 본인이 자신의 이야기를 직접 쓴 책이나, 본인의 이야기를 담은 TV프로그램도 있고, 인터넷에 동영상도 있습니다. 힘든 점을 이야기하는 동영상에는 공감하며 위로 받고, 긍정적인 모습에서는 힘과 용기를 얻을 수 있습니다.

진단을 받고도 같은 회사에서 꾸준히 일을 하는 사람들, 진단을 받고 10년이 지나도 강연 활동을 이어가는 사람, 자원봉사를 하기도 하고, 그림을 그리거나, 노래를 부르거나 채소 농사를 하거나, 운동을 즐기거나…. 전국 곳곳에서 진단받은 사람들이 병과 함께 활기차게 생활하고 있습니다. 진단 후 삶이 오히려 더 멋지다는 사람도 만날 수 있고, 충실하게 살아가는 것이 즐겁다는 사람도 적지 않습니다.

병은 당신의 일부분일 뿐입니다. 어떤 일에 서툴러 지는 것은 무수한 뇌 작용 중 아주 작은 한 부분일 뿐입니다. 당신은 지금도, 그리고 앞으로도 계속 '당신'입니다. 지금 부터의 인생을 얼마든지 풍요롭고 행복하게 살아갈 수 있습니다. 우리가 그것을 증명하고 있습니다. 우리의 웃는 얼굴을 직접 영상으로 확인해 주세요.

병의 증상은, 창피한가요? 증상은 당신의 가치와 아무 상관이 없습니다. 잊어버려도 괜찮습니다. 어떤 알 수 없는 증상이 나타나도 괜찮습니다. 그것은 병이 일으키는 문제일 뿐, 당신의 인격과는 전혀 상관없습니다.

물론 불편한 것들이 늘어나겠지만 괜찮습니다. 웃으며 살아갈 방법은 얼마든지 있습니다. 그러기 위해서 마음이 좀 가라앉으면, 우선 가장 친한 사람에게 병에 대해 이야기해봅시다. 분명 당신의 있는 그대로의 모습을 받아줄 것입니다. 그리고, 어려운 일이 있을 때는, 아무렇지도 않게 당신을 도와줄 것입니다. 결코 짐이 되는 것이 아닙니다. 사람은 서로에게 기대고 지지하며 살아가는 존재입니다. 그 사람들이 곤란할 때는 당신이 도와줄 수도 있습니다.

병을 앓게 되면서 더 새롭고 멋진 인생이 시작되었다고 말하는 사람들도 많습니다. 천천히 가도 괜찮습니다. 함께 걸어가 봅시다.

◆ 치매의 원인이 되는 병은 다양하며 증상도 매우 다릅니다. 그래서, 치매라는 하나의 병명으로 다루는 것에는 개인적으로 저항감이 있습니다. 이 글에서는 '치매를 앓는다.' '치매로 진단받았다.'로 쓰기 보다는 '병을 앓다'라는 말을 굳이 사용하고 있습니다.

히구치 나오미

1962년생. 30대 후반부터 환시가 나타남. 41세 때, 우울증 오진으로 6년간 잘못된 치료를 받고, 부작용으로 힘들어했다. 2013년 초로기 레비소체형 치매로 진단받았다. 2015년 '내 뇌에 생긴 일' 출판. 지금까지 환각, 시간감각장애, 자율신경장해, 후각장애 등 여러 증상이 있지만, 집필활동을 이어가고 있다.

나라서
할 수 있는 이야기,
나만이
할 수 있는 이야기

소네가츠 카즈미치 67세

내가 전하고 싶은 것.

제가 처음 병명을 들었을 때, 엄청난 충격과 함께 덜컥 겁도 났습니다. 한 인간으로 살아갈 수 있는 힘이 모두 사라져 버린 느낌이었습니다.

그러나 6년이 흐른 지금, '그 때 그 기분은 무엇이었을까?' 생각해 봅니다. 그 때의 나 자신이 치매에 대해 편견을 가지고 있었다는 것을 깨달았습니다.

알츠하이머에 걸리는 것은 잘못한 일인가요?

지금 저는 이 병에서 벗어날 수는 없지만, 아내와 친구들의 도움으로 평안하게 지내고 있습니다.

우리 사회에는 아직 치매에 대해 편견이 있다고 생각합니다. 병명 하나로 묶어 세상으로부터 소외시키고 있다는 느낌을 받기도 합니다. 병명만으로 사람을 단정짓지 말아주십시오. 사람마다 증상은 다릅니다. 그리고, 여전히 할 수 있는 일들도 많습니다.

조금이라도 이런 편견을 없애기 위해, 지금부터 나라서 할 수 있는 이야기, 나만이 할 수 있는 이야기를 전하고 싫습니다.

소네카츠 카즈미치

1949년 출생. 교육학과 졸업 후 고향 초등학교의 교사가 되었다. 초등학교, 중학교 교감역임. 2004년 무렵부터 건망증으로 업무 상 실수가 반복되기 시작. 2009년 59세 때 알츠하이머형 치매로 진단받아 초등학교 교장직을 의원퇴직. 2014년까지 시청 아동관에서 비상근직으로 근무.

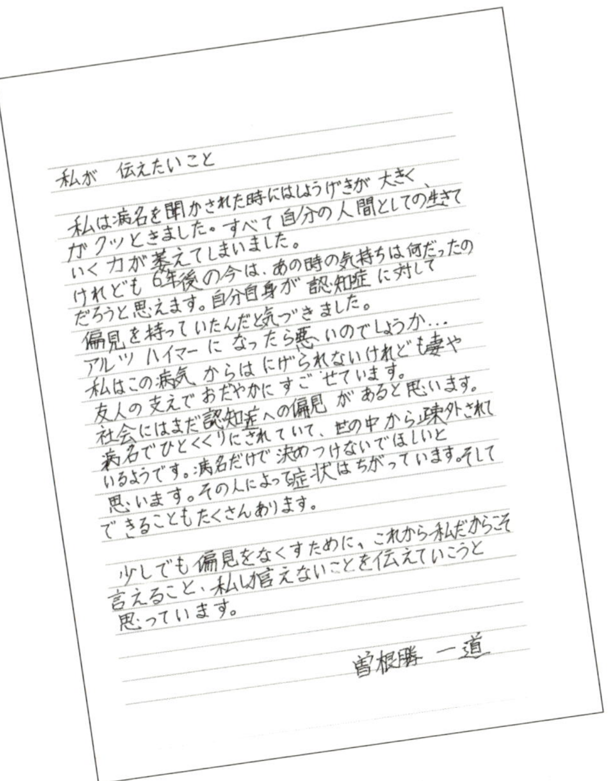

'하늘을 올려다보며'를 흥얼거리며 걷습니다

무라야마 아키오 66세

'하늘을 올려다보며'는 'SUKIYAKI'라는 노래 가사의 일부이며, 힘들 때 눈물이 흐르지 않게 하늘을 올려다보고 걸으면서 힘을 내자는 내용.

건망증으로 시작된 치매와 싸우기도 하고, 새로운 사람들과 만나기도 하다가 보니 친구가 생겼다. 뇌기능이 조금 일찍 멈췄을 뿐이라고 생각하면 되는 거 아닐까? '나는 혼자가 아니야.'

3년 전 정도부터 건망증이 있어서, 가족들이 병원 검진을 권유했습니다. 검사 결과는 초로기 알츠하이머였습니다. 의사가 병명을 알려주던 순간, 머릿속이 새하얘져서 그 날 일은 잘 기억나지 않지만, 정상은 아니었던 것 같습니다. 그저 나이 때문에 건망증이 생겼구나 하면서 지내고 있었으니까요.

진단을 받은 후에는 자신의 병을 받아들이지 못하고 감정 기복이 아주 심했습니다. 앞으로의 제 모습을 생각하면서 살아갈 희망을 잃을 뻔한 순간도 있었죠. 하지만, 같은 질환을 가진 친구들을 만나면서 우선 즐겁게 한달을 보내 보자는 생각으로 오늘까지 오게 되었습니다.

[에피소드]

＊쇼핑 메모 없이 슈퍼에 갔다가, 정작 필요한 것은 사지 못하고, 과자만 잔뜩 사서 돌아왔다. 한심하고 한심하다. 좌절.

＊체력을 기르려고 걷기 운동을 나갔다가, 도중에 코스를 잘 못 들어 패닉에 빠졌다. 마음을 다잡고 집으로 돌아오려 애썼지만, 집으로 가는 길의 순서가 도무지 기억나지 않아, 지나가는 사람에게 집 근처 큰 슈퍼마켓 이름을 얘기하고 안내를 받아 겨우 집에 도착. 이제는 정해둔 코스 이외의 길로는 가지 않으려 노력하지만, 같은 실수를 반복하고 있다.

＊자전거를 탈 수는 있지만, 어디에 세워두었는지 잊어버려 걸어서 이동하려고 한다. 아쉽다. 걷는 것이 유일한 이동 수단…

＊밤이 되면 앞으로의 내 모습을 생각하며 잠 못 이루는 날도 있지만, 병이 진행되는 것은 막을 수 가 없다.

＊내일부터 다시 살아보자고 생각하면서 하루가 저문다.

사람들과 적극적으로 커뮤니케이션하면서 있는 그대로 나다운 삶을 살고 싶다. 당사자 본인보다는 주위의 도움이 중요하다.

* "하늘을 보고 걷자 눈물이 흐르지 않도록~"을 흥얼거리며 걷는다. 지금 내 심정이 이렇다.

무라야마 아키오

1951년생. 후쿠시마현 이와키시 출신. 대학 졸업 후 정보 시스템 회사의 영업직으로 오랫동안 근무. 데이케어센터에서 동년배와 시간을 보내는 것을 소중하게 생각한다.

치매여서
오히려 잘됐다고
생각할 때가 있다

탄노 토모후미 43세

저는 대학을 졸업하고 자동차회사에서 영업일을 하고 있습니다.

고객 얼굴을 기억하지 못하게 되고, 항상 같이 일하던 스텝의 얼굴이나, 이름을 잊어버리기도 해서 스트레스일 거라 생각하고 병원에 갔습니다. 뇌신경외과, 건망증 전문 외래진료가 가능한 대학병원에서 입원 검사를 거쳐 39살에 초로기 알츠하이머형 치매 진단을 받았습니다.

그 후, 치매 당사자들과 만난 덕분에 10년이 흘러도 활기차게 살아갈 수 있다는 것을 알게 되었습니다.

저는 치매를 억울해하기보다 치매와 함께 살아가는 길을 선택했습니다. 진단을 받고 4년이 흐른 지금, 저는 강연활동 등을 하고 있는데, 때로는 치매를 앓게 되어 오히려 잘됐다고 생각할 때가 있습니다.

이런 말을 하면 대부분 사람들은 '무슨 소리냐?'고 생각할 수도 있습니다. 물론 진단을 받았던 당시에는 '치매=끝'이라는 생각에 불안과 공포 때문에 밤마다 울기만 했습니다.

울고 싶지 않아도 그냥 눈물이 흘러내릴 만큼 불안과 공포에 짓눌려 있었습니다. 그런데, 조금씩 불안이 사라져갔습니다. 일을 통해 사회와 연결되고, 치매 당사자들과 만나고, 혼자 할 수 없는 것들은 지지자들의 도움을 받아가면서 함께 행동하는 파트너들을 만나게 된 덕분입니다.

저는 치매를 앓게 되면서 가족과 보내는 시간도 많아졌고, 가족의 따뜻한 온기를 느끼게 되었고, 부모님과의 대화 시간도 많아졌습니다. 그리고, 치매를 앓게 된 덕분에 강연을 하게 되었고, 많은 사람들도 알게 되었습니다.

치매를 앓는 것이 결코 좋은 일은 아니지만, 한 발을 내딛는 것으로 인생이 크게 변했다고 생각합니다. 한 발을 내딛는다는 것은 엄청난 용기가 필요한 일이었지만, 그 덕분에 많은 사람들을 만나면서 인생이 긍정적인 방향으로 크게 변화할 수 있었습니다.

이것이 바로 치매를 앓게 되어 얻은 재산입니다. 무엇보다 저 자신의 마음가짐이 가장 많이 변했습니다. 많은 분들에게 다양한 가르침을 받아 지식이 쌓이게 되면서, 불안함도 사라지고 어느새 '진정한 웃음'이 많아졌습니다.

'진정한 웃음'이라고 표현하는 이유는 영업사원 시절에도 항상 웃는 얼굴이었지만, 그것은 영업 미소였다고 지금은 생각하기 때문입니다. 지금은 마음 속 깊은 곳에서 우러나오는 웃음을 지을 수 있게 되었습니다.

다음으로는 사람들의 '친절함'을 느낄 수 있게 되었습니다. 또, 다른 사람을 위해 무언가를 하고싶다는 마음도 생겼습니다. 형제, 가족, 회사 동료, 주위 사람들, 이전에는 미처 느끼지 못했던 친절을 경험하면서, 저 자신도 다른 사람에게 친절하게 대해야 하겠다고 생각하게 되었습니다.

주변 환경이 저를 이렇게 만들어 주었다고 생각합니다. 저는 치매를 앓더라도 주변 환경만 좋으면 웃는 얼굴로 즐겁게 지낼 수 있다는 것을 알게 되었습니다.

그리고, 치매 진단을 받고, 약도 필요하지만, 환경이 정말 중요하다는 것을 느꼈습니다. 이것은 젊은 사람이나 어르신들이나 마찬가지라고 생각합니다.

그럼, '환경이 좋다'는 것은 어떤 의미일까요? 생각해

보면, 살고 있는 지역이나 돈의 많고 적음이 아닙니다.

사람과 사람이 연결되는 환경이란 것이 중요한데, 저의 환경이 저를 웃음 지을 수 있게 해주었다고 생각합니다. 이 메세지를 많은 분들에게 알리고 싶습니다.

사람과 사람의 만남은 또 다른 사람과의 연결로 더욱 확장됩니다. '사람이 사람을 부른다'고 생각합니다. 처음에는 주위 사람들이라고 하면 간호사, 보조인(활동 지원) 등을 떠올렸습니다. 하지만, 지금은 함께 외출하거나 하면서 새로 만나게 된 모든 사람들이 파트너라는 생각으로 바뀌게 되었습니다.

특히, 지금 함께 활동하고 있는 사람들은 단순히 개호(요양보호)를 하는 사람이 아니라, 저에게 도움을 주면서 함께 활동하는 파트너라고 생각하게 되었습니다. 혼자 할 수 없는 일은 서로 도와주고, 할 수 있는 일은 함께 한다고 생각하면 모두가 파트너가 되는 것입니다.

제 주변 사람들은 이제 알고 있습니다. 치매 당사자는 특별한 사람이 아닙니다. 그저 '탄노 토모후미'라는 한 사람일 뿐입니다. 치매를 앓는 환자라기 보다는 치매와 함께 살아가는 사람으로 생각해주면 좋겠습니다.

'치매 환자'라고 하면 치매를 앓는다는 부정적인 이미지를 떠올리지만, '치매와 함께 살아가는 사람'이라고 하면 병을 받아들이고 긍정적으로 살아간다는 이미지로 생각하게 됩니다.

지금도 치매라고 하면 '아무것도 못하게 되니까, 뭐든지 대신해 주는 수밖에 없어' 라고 생각하는 사람이 많습니다. 요양보호는 정말 중증이 되었을 때부터 필요하다고 생각합니다. 지금까지 치매 진단을 받으면, 곧바로 장기 요양보험 이야기부터 꺼내기 때문에 당장 요양보호가 필요하다는 생각을 하게 되고, '아무 것도 할 수 없다'고 단정해 버리게 되는 경향이 있습니다.

우리가 할 수 있는 일은 빼앗지 말아 주세요. 그리고, 시간이 좀 더 걸리더라도 기다려주세요. 한 번 실패하더라도, 다음에는 할 수 있을 것이라고 믿어주세요. 그렇게 스스로 해냈을 때, 당사자는 자신감을 갖게 됩니다.

이야기를 할 때도 비슷한 것을 느낍니다. 당사자가 말을 꺼내기도 전에 옆에 있는 사람이 대신 말해버리면 당사자는 말을 빼앗겨버린 것처럼 생각합니다. 그러면 당사자는 자신감을 잃고, 모든 것을 다른 사람에게 맡겨버리게 됩니다. 그리고, 항상 함께 있는 사람을 신경 쓰게 되고, 늘 옆에 사람이 없으면 불안감을 느끼게 됩니다.

자신감을 갖고 행동하는 것은 매우 중요합니다. '괜찮겠지' 생각하고 모든 것을 대신해주거나 '할 수 없을 거야'라고 단정지어 대신해주기만 하면 당사자는 자신감을 잃고 정말 아무 것도 할 수 없게 됩니다.

비록 실패하더라도 자신감을 갖고 행동해야 합니다. 실패해도 주변사람들이 화내지 않고, 할 수 있는 일을 빼앗지 않는 것이 당사자의 기분을 안정시켜서 병의 진행도 늦출 수 있다고 생각합니다.

위험한 것이 있으면 조심하도록 말해주어야 하지만, 말투나 표현 방식에 따라 당사자가 받아들이는 것은 매우 다릅니다. 작은 일이라도 당사자는 불안감 때문에 질책

당하고 있다고 생각하게 됩니다.

당사자도 자신이 실패했다는 것을 압니다. 알고 있지만, 왜 안되는지를 모를 뿐입니다. 그럴 때, 질책을 당하게 되면 나도 모르게 화가 납니다.

그리고, 치매 당사자는 사회와 계속 연결되는 것을 소중하게 생각하면서도 주위사람들이 도망갈까 봐 걱정을 많이 합니다. 흔히, 주위사람들은 치매당사자를 어떻게 대해야 좋을지 모릅니다. 스스로 먼저 '어디 갈 때 알려줘', '운동할 때 같이 가자', '술 마실 때 불러줘'와 같이 직접 얘기하지 않으면, 상대방은 같이 갈 수 있을까? 같이 운동할 수 있을까? 같이 한 잔 하자고 하면 오히려 폐가 되지는 않을까? 하고 생각합니다.

'치매인 사람들은 아무 것도 못한다'고 사람들이 생각하기 때문에, 아무것도 못하는 게 아니니까 같이 하자고 불러줬으면 좋겠다고 어필하면서, 때로는 컨디션이 나빠서 같이 할 수 없을 때도 있지만, '그래도 불러줘'라고 제대로 이야기하면 멀어져 가는 사람이 훨씬 줄어들 것이라고 생각합니다.

앞에서 이야기한 것처럼 서로를 '파트너'라고 생각한다면 동등한 입장이기 때문에 '할 수 있는 것은 함께 하자'고 생각하게 될 것입니다.

치매 당사자는 실수를 많이 하니까 가족이나 주위사람들에게 폐가 되면 안된다는 생각으로 움츠러들면서 오히려 고집을 부리는 경우가 많습니다. 그것은 주위 사람들이 모든 것을 대신해주고 있다는 생각이 강하기 때문입니다. 하지만, 모든 사람이 파트너라고 생각하면, 도움을 받을 때 나도 언젠가 저 사람을 위해 할 수 있는 게 있다고 생각하게 됩니다. 그러면 마음 편히 스스로 할 수 없는 일은 도와달라고 말할 수 있고, '이것은 제가 할 수 있으니 같이 합시다'라고 말할 수 있게 됩니다.

이것은 당사자뿐 아니라 의사, 요양보호사, 지역 포괄지원센터 여러분, 가족, 그리고 모든 분들에게도 말하고 싶습니다. 의사도 함께 병을 이겨내는 파트너라고 생각하게 된다면, 예전처럼 손발을 묶는 것 같은 일은 없어질 것입니다.

지역 포괄지원센터 여러분들도 파트너라고 생각한다면 '정말 이 사람에게 무엇이 필요할까?'를 먼저 생각할 것이고, 장기 요양 보험에 대한 이야기부터 꺼내지 않고 함께 나아갈 수 있게 될 것입니다.

주위 사람들의 마음이 바뀌면 치매 당사자 마음도 달라집니다. '나는 치매라서 이런 부분은 어려우니 좀 도와줘'라고 마음 편히 말할 수 있는 사회가 되었으면 좋겠습니다. 이것이 치매뿐 아니라, 다른 장애인에게도 친절한 세상으로 가는 길이 될 것입니다.

탄노 토모후미

1974년 미야기현 이와누마시 출생. 자동차 판매회사에 취업. 탑세일즈맨으로 활약하던35세 즈음부터 고객의 얼굴을 알아보지 못하게 되었다. 39세 때, 초로기 치매로 진단받았다. 현재, 일을 계속하면서 전국 강연 활동도. 지역에서는 당사자가 불안해하는 당사자의이야기를 듣는 상담 창구 [오렌지도어]를 개설, 활동하고 있다.

이렇게 살아가자

후쿠다 히토시 54세

3년 전, 51살이 되던 해에 몸과 마음이 산산조각 나는 것 같이 고통스러운 병의 세계로 떨어졌다.

그 당시의 일은 거의 기억나지 않지만, 극심한 외로움, 비할 데 없는 슬픔과 함께 왠지 모를 피곤함이 몰려와 안도감처럼 느껴졌다.

[초로기 알츠하이머형 치매]라고 진단받았는데 눈물조차 나지 않았다. 아마도 그 때 인생의 종착점이라고 생각하고 있었는지도 모른다.

그 후 일자리도 잃고, 신용까지 잃어버린 채 그야말로 지옥을 맛보게 되었다. 미각을 잃어서 변변한 식사조차 제대로 할 수가 없어 우동만 겨우 삼킬 수 있었고, 사람도 거의 만나지 않았다.

나는 매일, 밤이 오는 것도 무섭고, 주위 사람들도 미워서, 세상을 원망하며 관음보살 사진을 손에 쥔 채 이불 속으로 숨어들었다. 이런 나에게 매일 밥을 해서 가져다주는 사람도 있었지만 감사 인사는커녕 "이런 음식은 먹지도 못하는 거야."라고 깎아내리거나, "이상한 맛이

군.”이라고 한심하게 화풀이를 해대며, 끝내 누구와도 말하지 않게 되었다. 그리고, 나는 자주 이불을 찢고, 소리를 죽인 채 울부짖는 일도 많아졌다.

그 때, 나의 유일한 즐거움은 여성가수가 부른 ‘아임 프라우드’라는 노래를 듣는 것이었다. 그 노랫소리는 나를 인간다운 추억으로 되살려주는 느낌이 들어 기뻤다.

계절이 바뀌어도 여전히 스스로를 주체할 수 없어서 주변에 화풀이를 일삼았다. 그 중 한 명이 바로 후견인이었던 나카쿠라 씨였다. 내가 치매를 진단을 받았을 때부터 지지해 준 소중한 사람이었다.

그 날도 여전히 기분이 좋지 않았던 나는 “이제 아무래도 괜찮아. 죽고 싶어.”라는 말을 아무렇지 않게 내뱉었다.

갑자기 나카쿠라씨가 소리쳤다. “생명은 하나야 히토시 씨, 그러니까, 어떤 일이 있더라도 살아야 해. 내가 응원할 테니까 같이 살아가자.”고 외쳤다. 그 때, 나는 마치 번개를 맞은 것처럼 몸이 뜨겁게 아리며 저려왔다.

나카쿠라씨는 분노에 차 있는 듯했지만, 얼굴은 눈물로 범벅이 되어있었다. 병을 앓고나서, 처음으로 인간의 사랑과 다정함을 느끼는 순간이었다.

그러던 어느 날, 내가 입원 초기부터 괴로웠던 심정을 쓴 메모장을 우연히 나카쿠라씨가 보게 되었다. 단순히 단어만 써 갈긴 메모를 나카쿠라씨가 엽서에 한 획 한 획, 혼을 담아 문장으로 완성해 주었다. 그렇게 작품이 하나씩 완성될 때마다 나는 넋을 잃고 일희일비했다. 나는 그 때마다 감동했고, 더 많은 시(1행 시)를 만들고 싶다는 의욕이 솟아났다.

이렇게 살아갈 수 있겠다. 이 시로 다른 사람들과 함께 살아가자. 이런 다짐을 하고, 몸 상태가 좋지 않을 때도 나카쿠라씨와 창작 활동을 이어갔다. 그러면서, 어느 새 나는 다시 사람들과 대화를 할 수 있게 되었다.

점점 자신감이 생긴 나는 작품에 그림을 넣고 싶다는 욕심도 생겨서, 온 힘을 다해 필사적으로 색연필을 쥐고 마음으로 느끼는 세계를 그리기 시작했다.

그림을 그릴 때마다, 이전에는 볼 수 없었던 것이나, 새롭게 발견하는 것들이 많아서 시간 가는 줄도 모르고 몰두하게 된다. 마치, '주위 사람들이나, 이 마을에 살고 있는 사람들에게 '안녕'하고 손을 흔들어봐. 그러면, 다들 고마워'하고 답해줄 거야' 라고 속삭이는 듯하다.

나는 지금 평온한 풍경 속에서 소박하지만 행복하게 살아가고 있다.

후쿠다 히토시

1962년 야마구치현 이와쿠니시 출생. 나가사키현 사세보시에서 고등학교(전자공학과)졸업. 오사카 기타신야의 요정에서 요리사 수련, 조리사 면허, 복어조리사 면허 취득. 1992년 사세보로 돌아와 테마파크 레스토랑, 병원 주방 등에서 조리사로 근무. 2010년 미각에 이상을 느낌과 동시에 우울증 의심. 2014년 알츠하이머형 치매로 진단받았다.

내가 치매일 거라고는 생각하지 않았다

토리가이 아키요시 73세

내가 치매일 거라고는 생각하지 않았다.

어쩌면 치매일지도 모르겠다고 생각한 것은 아내였다.

이전에는 쉽게 하던 일들을 제대로 하지 못하는 것이 어딘가 이상했다고 한다.

또, 기억력도 많이 나빠져서, 어느 날은 손자와 주변 공원에 놀러 갔다가 혼자 돌아온 일이 있었다. 아내가 손자는 어떻게 하고 왔어? 라고 묻는 말에 당당하게 혼자 갔었다고 대답했다. 아내가 어찌되었건 공원부터 가보라고 해서 공원으로 갔다. 공원에는 손자가 울고 있었다.

그 때, 아들과 딸은 아버지는 병이니까 어쩔 수 없다고 말은 했지만, 손자는 어려서 치매라는 병에 대해서 이해하지 못하는 것 같았다.

아내는 그 일에 대해서, 내가 자꾸 잊어버려 그런 것이니까 그냥 좀 참으라고 하지만, 딸은 아무리 병이라도 자식을 잊어버릴 수는 없다고 지금도 말한다.

BLG에서의 활동은 인근 사가미하라 공원을 같이 산책

하거나 BLG안에서 스도쿠를 한다. 매일 충실하게 보내
고 있다.

토리가이 아키요시

1943년 도쿄도 출생. 대기업 카메라 생산업체에 취업. 기술자로 활약하
며 컬러 복사기 개발 등의 업무를 담당. 거미 막하출혈로 쓰러진 후 치매
로 진단. 현재는 주 2회 [Days BLG!]활동을 중요하게 생각.

◆ [Days BLG!] 케어를 받는 데이케어서비스가 아니라 지역과 사회
에서의 역할을 중시하면서 생활인으로 돌아가는 것을 목표로 활동
하는 기관

'아직은 할 수 있어' 이런 생각으로 살아갑니다

I・H 63세

2012년 말 발병했습니다.

니이가타의 한 공사 현장에서 현장대리인으로 근무하고 있을 때였습니다. 주에쓰오키 지진으로 파손된 설비의 개·보수 공사를 맡게 되었습니다. 신설 공사 이후 32년 만이었습니다. 공사가 한창 절정에 달했을 무렵, 제조사를 포함한 공정조정회의가 있었는데, 그 회의에서 제가 직접 작성한 공정표에 대해 설명할 수가 없었습니다.

또, 한 번은 차로 현장 점검을 나갔다가 차는 두고, 걸어서 돌아오는 일도 있었습니다.

업무에 지장이 생긴 것은 물론이고, 오랜만에 집에 돌아가서는 딸과 한 약속을 잊어버려 신뢰를 잃기도 했습니다.

가족들 뜻에 따라 병원을 찾았고, 결과는 초로기 치매였습니다. 치매에 대한 정보를 찾아보다가 참고가 될 만한 비디오를 빌려 보았는데, 저는 망연자실할 수밖에 없었습니다. 가족들 생각에 눈물이 왈칵 쏟아졌죠. 그때 본사에 있는 산업의사와 상사, 그리고 노무 담당자와 상담해서 재활을 우선으로 하는 근무 형태로 변경했습니다. 주 3일 근무인 근무 유연제로 전환한 것이죠. 현재는 촉탁직으로 65세까지 근무하기로 결정했습니다.

어느 날, 걷다가 왼쪽 무릎이 아파 정형외과에 갔습니다. 의사는 제 병력(치매)을 보더니 단순 통증이라며 일주일간 찜질 처방만 했습니다. 하지만 도무지 나아지지 않아 다른 병원에서 X-ray 촬영을 했더니, '반월판 손상'이었습니다. 쓸데없이 3개월을 허비했다는 생각에 슬펐습니다.

지금은 주 3일, 공사 현장에서 전임 감독으로 근무하고 있습니다. 운전을 할 수 없어서 왕복 1시간 거리를 걸어서 통근합니다. 점점 걷는 속도가 느려지는 것이 마음에 걸리지만.

지금은 신뢰하는 의사 선생님과 재활센터의 개호(요양보호)관련직원들에게 조언을 받으면서, 가장 중요한 가족들의 도움으로 생활하고 있습니다.

제가 지금 중요하게 생각하는 것은 ① 안전한 통근 길 확보입니다. 시간에 맞춰 출발하고 같은 시각의 전철을 타고, 걷는 길도 항상 같은 경로를 이용합니다. ② 노래 교실

수업으로 정확한 리듬발성과 음정을 배우고 있습니다. ③ 스포츠 클럽에서 코어근육 강화운동을 합니다.(주6일) ④ 스도쿠 게임으로 뇌를 단련하고 있습니다. ⑤ 휴일인 일요일에는 좋아하는 TV프로그램을 보면서 낮술로 스트레스를 풀고, 병의 진행을 늦추려고 노력합니다.

아직은 할 수 있어. 이런 생각으로 살아가고 있습니다.

I·H

1954년 홋카이도 출생. 토목공학과 졸업 후 전기공사 업무. 40년 간 발전소나 변전소 건설·설비·시공 관리 근무. 59세에 특기라고 생각하는 공사 공정표조차 작성할 수 없게 되었다.

요양보호부터 필요한 것이 아닙니다

타이라 미키 58세

저는 지금 58세입니다.

6년 전에 치매 진단을 받았습니다.

병명을 들었을 때는 충격 그 자체였습니다. 앞으로 어떻게 되는 걸까? 불안과 공포가 몰려왔습니다.

하지만, 남편은 "아무 것도 할 수 없다고 단정 짓지 말고, 남아있는 뇌 기능을 살려서 '어떻게 하면 할 수 있을까? 무엇을 할 수 있을까' 생각해 보면 어떨까?"라고 조언해 주었습니다.

그렇습니다. 처음부터 '나는 할 수 없어.'라고 생각하면 정말 아무 것도 할 수 없게 됩니다.

제 경우에는 가장 좋아하는 요리를 할 때, 혼란스러워졌습니다. 두 가지를 동시에 조리할 때, 순서를 잊어버리는 문제가 생겼습니다. 그래서 한 가지씩 천천히 요리해 보기로 했습니다. 시간이 오래 걸려도 알고 있는 것을 천천히 해보려고 했습니다.

또, 옷가지나 식기를 정리하는 것도 혼란스러워졌습니다. 그래서 80%를 버리기로 했습니다. 100장을 정리하는 것은 어려워도 20장 정도는 할 수 있을 것 같았습니다.

시간을 들여서 하면 어떻게든 해 낼 수 있는 일을 더하고, 가능한 범위에서만 할 수 있는 것을 빼서 하나씩 천천히 해내고 있습니다. 정말 힘들 때만 도움을 받는다면 보통의 일상 생활을 할 수 있는 시간이 더 길어질 것이라고 생각합니다.

그리고, 저와 같은 처지의 동료를 만드는 것도 중요하다고 생각합니다. 치매 모임이나 치매 카페, 교류회 등에서 같은 병 때문에 겪는 고민이나 생활의 유용한 팁 들을 서로 주고받다 보면 생활을 개선할 수도 있고 지지자를 만날 수도 있습니다.

금방 개호(요양보호)가 필요해지는 것은 아닙니다. 자기 자신이 병을 어떻게 대하고 있는지에 따라서 치매의 진행 정도는 달라진다고 생각합니다.

지금, 저는 가족 그리고 많은 지지자 분들과 연결되어 생활하고 있습니다.

지금 최선을 다해 이 생활을 해 나가고 싶습니다.

타이라 미키

1958년 이바라키현 출생. 치매 판정을 받았을 때는 충격이 컸지만 [앞으로 어떻게 생활하면 좋을까]를 생각할 수 있게 되었다. 취미는 텃밭가꾸기. [병마와 싸우면서 즐겁게 자신답게 살아가자]가 신조.

들려주세요 우리에게

히라다 토모히로
(NHK디렉터)

도쿄도 마찌다시에 있는 조금 특이한 데이서비스 'DAYS BLG!'. 그 곳에는 매일 50대부터 90대에 이르는 치매 당사자들이 다니고 있습니다. 대부분 남성들로 '치매라고 하더라도 사회에서 어떤 역할을 갖고 싶다'고 생각하고 있습니다. 인근 채소가게의 배달을 하거나, 유상으로 정원관리를 하는 등 매일 '일'을 하면서 땀을 흘리고 있습니다.

이렇게 치매인 상태에서도 사회와 연결되어 살아가고자 하는 분들에게 치매와 함께 살아가기 위해 사회에 바라는 점들을 물어봤습니다.

■■■■ 치매라고 쓰레기처럼 버리지 말아 주세요.

"사회가 우리를 쓰레기처럼 던져버렸어요. 치매 진단을 받은 것만으로" 토리 아키카씨(73세)

치매 진단을 받던 날 아이들이 아직 어렸다고 합니다.

"이웃에 사는 사람이 내가 치매라는 이유로 우리 아이들과 놀지 말라고 하더라고. 이런 인식을 어떻게든 고치고 싶어요. 절대 치매는 이상한 게 아니야. 단지 물건을 잊어버리거나 하는 것일 뿐 그 사람이 바보가 되거나 그런 것이 치매가 아니에요!" 라고 토리가이씨는 호소합니다.

■■■■ [아.. 그랬구나.] 정도로 평범해

3년 전 알츠하이머 치매 진단을 받은 마치다 카츠노부씨 (65세)

"여러 사람들을 만나서 다양한 이야기를 듣다 보면 생각만큼 그렇지는 않다는 걸 알게 되어서 그런지, 최근에는 치매에 대한 이미지나 이해도가 조금씩 정상화되는 정도인 것 같아요. 예전에는 숨겨야만 하는 이미지였고, 아이들도 형제 중에 누군가가 치매라면 '저 애 그거잖아!'라는 식으로 순식간에 퍼졌죠. 이런 나쁜 이미지도 있었지만 요즘은 그렇지는 않고 그런 걱정은 점점 사라지는 것 같아요. 물론 안 좋은 일이 아주 없지는 않지만, 어쩌면 나쁜 일에 익숙해진 걸까요?"

"지금은 치매 사실을 공개하는 편이 좋습니다. 예전에는 숨기려고 했던 적도 꽤나 있었지만, 최근에는 공개하는 흐름으로 바뀌고 있는 것 같아요. 확실하게 드러내면, '아, 그래?' 하는 정도로 받아들이는 분위기라고 할까요? 그러니까 시간이 흐르면서 점차 이런 인식이 만

들어지고 있으니까, 지금은 일종의 '과도기'가 아닐까
합니다"

치매는 소수의 문제가 아니라 지극히 평범한 것이 되는
그런 세상을 머릿속에 그리고 있는 마치다씨입니다.

▬▬▬ 종기 만지듯 하지 않았으면 좋겠어요.

오쿠 코우이치(75세)씨는 세상의 인식이 변했다고 생각
합니다.

"얼마 전 까지만 해도 치매는 세상에서 배제되는 것, 요
컨대 인간성을 부정당하는 것 같은 분위기였습니다. 그
런데 확실히 변하고 있다고 생각해요. 어느 정도 이해
도가 높아지고 있는 것 같기도 하고요. 단지 어디까지
나 '표면적'인 것 같아요. 세상이 치매를 수용하고 있다
고 하지만, 그건 겉모습에 불과해요. 무슨 말이냐 하면,
'전혀 자연스럽지가 않아요.' 왠지 '종기 만지듯이' 대하

거든요. 이상하지 않나요? 예전처럼 배제하는 분위기는 아니에요. 분명히 받아들이는 것 같기는 하거든요. 그런데도 여전히 '환자니까'라는 표현처럼, 조심스럽게 '종기 만지듯이' 대하는 것 같다는 겁니다."

언제, 그런 걸 느끼느냐고 묻자, "이웃 사람들이나 요양 관련 종사자들과 이야기하다 보면, 어떤 의미에서는 '지나치게 친절하다는' 느낌을 받습니다. 한마디로 표현하면 '종기 만지듯' 대한다는 거죠. '그냥 들어주자'는 식이에요. 하지만 아닌 것은 아니라고 말하고, 화낼 일은 화내는 것이 서로를 인정하는 것이라고 생각합니다. 그들이 우리를 '사람으로 인정하지 않는' 것 같은 태도에 불만을 느낍니다. 제대로 된 의미의 수용이 아니라고 생각해요. 세상이 좀 더 자연스럽게, 동등하게 우리를 받아들여 주었으면 좋겠습니다." "모두 나이가 들면 비슷해지니까요. 두 사람 중에 한 사람은 언젠가 치매를 앓게 될 수도 있어요. 아직은 아니라고 생각해도 언젠가는 그럴 가능성이 있어요. 그런 점에서 모두가 이해한다면 좀 더 자연스럽게 갈 수 있지 않을까요?"

오쿠 씨의 한마디한마디에 놀라지 않을 수 없었습니다.

■■■■■ 나는 아오야마 히토시다.

최연소자인 아오야마 히토시 씨(56세)는 '치매환자'라고 불리는 것에 위화감이 있는 것 같습니다. "(치매 환자) 라고 불리면 바로 숨거나 생기가 사라져요. 어쨌든 치매 라고 불리는 건 싫습니다. 그저 자연스럽게 대해주면 좋 겠어요. 특히 아이들은 참 자연스럽습니다. 거리낌 없 이 다가오죠. 아이들과 노는 건 정말 즐거워요. 아마 아 이들에게 저는 '치매 환자 아오 씨'가 아니라, '같이 놀 아주는 아오 씨'일 겁니다. 그렇기 때문에 즐거운 마음 으로 부딪쳐주고, 즐겁게 놀아주고, 서로 기분 좋아지는 거죠. 치매라거나 환자라는 색안경을 끼고 보지 않아요. 전혀요.”
아오야마씨의 이런 생각을 듣고 있으면, 너무나 당연한 것 같아요.

[DAYs BLG!]에 있는 여러분들의 얘기를 듣고 있으면, 너무 당연한 이야기들인데. 오히려 이상한 건 이 세상이 아닌가하는 생각이 들었습니다.

3

나의 **속마음**

사노 미츠타카 [68세 시즈오카현]

남은 남.

나는 나.

내 맘대로 하고 싶다.

M · Y [90세 오사카부]

가만 있는 것은 싫어요.

일을 할 수 있는 게 좋아요.

내가 도움이 된다는 게 기뻐요.

자신감이 생겨요

무라카미 아키조 [71세 히로시마현]

마음을 멋있게 표현하진 못해도
여러분과 함께 웃고 싶어요.
말을 걸어주세요.

코지마 미츠코 [89세 아이치현]

치매는 나이 들었으니까 당연하지.
좋아, 누가 이기나 한 번 해보자.
언젠가 거울에 비친 내 얼굴을 보고
기분이 나빠졌어요.
그래서 화장을 했더니
아직 괜찮은데! 활력이 생겼어요.
지금은 치매도 노인의 훈장인 척합니다.

K · S [80세 기후현]

치매 치매라는 말에
소매가 눈물로 젖을 때
남의 속 마음을 알까?

I · S [79세 도쿄도]

이번 주 일요일에 데이서비스에서 오라고
한다.
개근상을 받게 되었다.
당신 덕분이야. 정말 기쁘다.
데이서비스에 다녀온 날은
돌아오면 후련해진다.
슬픈 일도 잊혀진다.

요시다 키요 [93세 홋카이도]

생각지도 못했던 그룹 홈이란 곳에 들어서던 순간, 제 인생 마지막을 이런 곳에서 맞이하게 될 줄은 꿈에도 몰랐기에 사실 큰 충격을 받았습니다. 하지만 차츰 익숙해지고 나니, '살다 보면 정든다'는 말처럼 마치 고향인 듯 편안해진 것 같았습니다.

비록 거창한 평안이나 행복보다는, 이곳에서 마지막 삶의 여유와 안정을 찾아가고 있습니다. 매일 밤, 침대에 몸을 누이면, 그날 하루의 소소한 행복에 반드시 감사하고 내일을 위한 기도를 드리는 것이 제 일상이 되었습니다.

A · H [66세 오사카부]

이야기를 들어줬으면 좋겠어요.

내가 하고 싶은 말을 이해해줄 때 기뻐요.

누군가 항상 곁에 있어주면 좋아요.

상냥하게 대해주면 좋겠어요.

우리에게 들려주세요 당신의 목소리 그대로

나가타 쿠미코
(치매 개호연구·연수 도쿄센터 연구부장)

치매에 대한 정보는 이제 제법 세상에 알려져 있습니다. 하지만 한편으로는 '치매란…'이라는 획일적인 시각이나 부정적인 이미지가 너무 앞서 있어서 오히려 답답하고 살기 힘든 세상이 되어 있지는 않을까요?

이런 상황에 시원한 '바람구멍'을 뚫기 시작한 것은 다름 아닌 치매 당사자들 스스로였습니다. 한 분 한 분이 들려주는 소중한 경험과 생각들이 치매에 대한 고정관념을 깨고, '이렇게 멋지게 살아갈 수 있다!'는 강력한 메시지를 주고 있습니다. 저는 이 책에 실린 한 분 한 분이 이렇게 외치고 있다고 생각합니다. "사양 말고, 당신의 있는 그대로를 더 이야기해 주세요!"

■■■■ 경험한 사람만이 아는 생활의 어려움

치매를 앓는 분들에게 지금 무슨 일이 일어나고 있는지, 무엇이 필요한지 우리는 알 수 없습니다. 그러다 보니 주변 사람들이 악의는 없겠지만, 치매를 앓는 분들에게 불안이나 스트레스를 주거나 생활에 불편을 주는 일이 생기기도 합니다.

예를 들어 "한 번에 너무 많은 이야기를 해서 따라가기 어려웠고 무서웠다", "글은 아직 읽을 수 있지만, 글자 수가 너무 많아 어지러웠다", "소리가 너무 시끄러워 머리가 울리고 지쳐버렸다" 등의 이야기를 들을 때 우리는 깜짝 놀라는 경우가 많습니다. '아, 우리가 미처 알지 못했던, 배려해야 할 부분이 이렇게 많았구나' 하고 깨닫게 되는 거죠. 사소한 것이라도 이런 경험들을 서로 나누고 쌓아간다면, 모두에게 더욱 편리한 일상생활이 가능할 것 같습니다.

안심과 치유를 찾아 방문한 의료나 개호(요양보호) 현장에서 오히려 충격을 받는 치매 당사자들이 끊이지 않고 있습니다. 의사나 간호사, 케어 관계자뿐 아니라, 때로는 접수처 직원의 무심한 말 한마디 때문에 불안에 빠지거나 상처를 받는 분들이 많습니다. 또는 대합실이나 진료실, 병실 같은 장소에서 불안감이나 혼란스러움을 느끼고 마음이 불편할 때도 있습니다.

환경적인 문제로 인한 불안이나 혼란을 '치매라서 어쩔 수 없다'는 이유로 방치하는 안타까운 경우도 있습니다. 하지만 직접 경험한 당사자들이 이야기하지 않으면 모든 것은 좀처럼 바꾸기 어렵습니다. "'이런 점이 힘들다', '이렇게 해주면 좋겠다'는 솔직하고 소박한 생각을 털어놓아 주세요." 혹시 의사나 케어 관계자에게 직접 말하기 힘들면 가족이나 친구, 또는 어느 동네에나 있는 지역포괄지원센터에 있는 그대로 이야기해 보세요. 한 분 한 분의 목소리가 상황 개선으로 이어지는 귀중한 제안이 될 것입니다.

■■■■■ 우리 동네를 더 살기 좋은 곳으로

치매를 앓는 분들이 일상생활을 당연하게 누릴 수 있으려면, 의료나 요양 문제 이전에 우리 주변의 동네에서부터 바꿔야 할 것들이 무수히 많습니다. 슈퍼나 음식점, 은행, 교통 기관 등에서 '알아보기 힘들다', '위험하다', '이렇게 배려해주면 좋겠다'고 치매 당사자들이 구체적으로 이야기해 주는 것이 살기 편한 지역을 만드는 첫걸음입니다.

최근에는 다양한 업종, 직종에 종사하는 사람들이 치매에 대해 많이 배우려고 합니다. 이때 치매 당사자 본인이 직접 강사가 되어 실제 경험이나 소박한 깨달음을 이야기했을 때, 듣는 사람들이 "정말 도움이 된다!" 라며 좋아했습니다.

길을 나서는 것이 때로는 당황스럽고 무섭게 느껴질 수도 있겠지만, 제발 외출을 포기하면 안됩니다. 그런 경험 속에서 우리 동네를 더 살기 좋게 만들 수 있는 구체적인 단서를 발견할 수 있습니다. 함께 변화를 만들어 갑시다.

▬▬▬ 좀 더 즐겁고 활기 찬 매일을 함께 만듭시다

의료나 요양 현장에서 치매 당사자 대상 프로그램이 늘어나고 있지만, 원치 않거나 마음에 들지 않는 것을 억지로 하게 되면 스트레스가 쌓여 오히려 역효과를 낳을 수 있습니다. 자신이 하고 싶은 일, 좋아하는 것을 느긋하게 즐기는 것이 가장 중요합니다.

특별한 프로그램이 아니더라도 지역의 취미 활동을 하

거나 스포츠 모임에 나가거나, 여행을 가거나 하는 지금
까지 즐겨왔던 것들을 계속하는 것이 좋습니다. 오히려
치매 진단 이전보다 동료들이 늘어나기도 하고 매일이
더 재미있고 활기찬 삶을 살아가는 사람들도 많습니다.
‘치매라서 저런 건 무리야’라고 주위 사람들이 말하더라
도 쉽게 즐거움을 포기하지 마세요. ‘이런 걸 하고 싶다’
고 스스로 알려주시면 좋겠습니다. 그렇게 얘기해 주면
‘좋아요! 함께 해봅시다!’라고 말하는 사람들을 반드시
만나게 될 것입니다.

▰▰▰ 일하고, 돈을 벌고, 자신도 지역도 활기차게

치매를 앓아도, 나이를 먹어도 ‘일을 하고 싶다’, ‘돈을
벌고 싶다’고 생각하는 분들이 많습니다. 어려운 부분도
있지만, 각자가 틀림없이 가지고 있는 ‘할 수 있는 힘’을
살려서 일하는 방법이나 환경을 고민하며 일을 계속 이

어가는 분들이 늘어나고 있습니다. 그리고 이들을 응원하며 함께하려는 직장들도 점차 많아지고 있습니다.

일부 지방자치단체에서는 당사자와 함께 직장에 방문해서 일하는 방식에 대해 상담하거나 조언을 제공하는 전문 인력이 있는 곳도 있습니다. 지역 내에서 할 수 있는 일을 찾고, 무리 없이 지속할 수 있는 새로운 근무 방식(가족이나 지지자 등과 함께 일을 하거나, 두 사람이 한 사람 몫의 수입을 나누는 등)에 대한 시도도 이어지고 있습니다.

젊은 인력이 부족한 시대에, '일하고 싶다', '이건 어렵지만 이런 일이라면 가능하다'고 알려주는 치매 당사자들은 이제 지역의 귀중한 존재입니다. 이런 모습을 통해 주위 사람들도 '일'의 가치를 새롭게 깨닫고 용기를 얻게 됩니다.

■■■■ 경험에서 얻어지는 연구와 발명

자주 잊어버리거나, 시간이나 장소를 파악하기 어려워 당황했던 경험을 바탕으로 생활 속에서 해결책을 연구하는 치매 당사자들도 적지 않습니다. 예를 들어, 외출 전에 가져가야 할 물건을 잊어 당황하지 않게 외출용품 세트를 눈에 띄는 색깔의 망 주머니에 담아 준비해 놓거나, 종류가 많으면 손이 많이 가거나 혼란스러우니 옷이나 물건을 최소한으로 줄여서 스스로 선택하기 쉽게 하는 것과 같이 사소한 궁리가 다른 사람들에게도 많은 도움이 됩니다. 치매 당사자들 간의 정보 교환이 큰 역할을 합니다.

최근에는 약 먹는 시간을 잊지 않도록 도와주는 기계를 지역 고등학생들과 함께 개발했다는 이야기도 있습니다. '필요는 발명의 어머니'라는 말처럼. '이런 것이 힘들다', '이런 게 있으면 좋겠다'고 적극적으로 알려주셨으면 좋겠습니다. 치매의 불편함을 보완하고 편안하게 생활할 수 있도록 도와주는 편리한 도구들이 계속해서 등장할 시대가 바로 눈앞에 있습니다.

■■■ 다음에 올 사람들이 하루라도 편해질 수 있도록

치매를 앓고 있으면서도 상상 이상의 긍정적인 에너지로 활기차게 살아가는 분들이 많습니다. 한 분 한 분의 잠재력과 가능성은 어디까지 인가? 매일 감탄하고 있습니다. 한편으로는 불안함 속에 몸과 생활의 균형이 무너져서 힘들어하는 분들, 또는 치매 증상이 심해졌다는 오해 속에 스스로를 가두고 힘들어하는 분들도 적지 않습니다.

이러한 괴로움과 실의 속에서 가만히 있지 마시고, 마음속 깊이 간직한 소리를 밖으로 내어 주시기를 간절히 바랍니다. 목소리를 내면 반드시 다음 문이 열릴 것입니다. 이 책에서 이야기를 전하고 있는 치매 당사자들도 같은 고통 속에서 조금씩 자신을 되찾은 사람들입니다. '다음에 따라올 사람들이 하루라도 더 빨리 편안해지면 좋겠다', '자신 속에 아직 남아있는 소중한 힘을 즐기며 인생을 살았으면 좋겠다'. 이런 염원을 담은 이 책 한 권이 단 한 분이라도 더 많은 분들에게 닿을 수 있기를 바랍니다.

히라다 토모히로(NHK디렉터)

이 책은 수많은 치매 당사자분들의 진솔한 목소리가 모여 탄생했습니다.

제가 만난 모든 분들은 한결같이 "치매 진단을 받은 순간, 사회가 만들어 놓은 치매에 대한 부정적인 이미지에 엄청난 충격을 받았다"고 말합니다. 실제 현실은 그렇지 않은 경우가 많은데도 말이죠. 이처럼 많은 분들이 자신들의 진심이 제대로 전달되지 않는다고 느끼고 있습니다. 당사자의 목소리에 귀 기울이는 것이 너무나 당연한 일인데도, 치매라는 영역에서는 여전히 당연하게 여겨지지 않고 있습니다.

2014년 일본에서도 강력하게 추진되었던 '장애인 권리 조약'에는 'Nothing about us without us (우리를 빼고 우리의 일을 결정하지 말라)'는 원칙이 명문화되어 있습니다. 오랜 권리 투쟁 끝에 얻어낸 이 소중한 주장은,

바로 지금 치매를 둘러싼 문제에도 적용되어야 마땅합니다.

일본 사회에서 치매 문제가 본격적으로 조명되기 시작한 1972년 아리요시 사와코 작가의 유명한 소설 [The Twilight Years](치매 가정의 이야기를 담은 소설) 출간으로부터 40여 년이 지난 지금도, 사회의 "치매 당사자에게 물어봐도 모를 것이다"라는 편견은 사라지지 않았다고 생각합니다. 자신의 일은 스스로 논의해서 결정하는 것이 너무나 당연한 권리입니다. 이 권리를 실현하기 위해, 앞으로도 용기 내어 목소리를 높이고 있는 여러분의 메시지가 더욱 크고, 넓게 퍼져 나갈 수 있도록 하고 싶습니다.

마지막으로, 이 책 발행이 가능하게 도와주신 분들께 깊은 감사를 전합니다. 아오야마 히토시, 오오시로 가쯔시, 오쿠 코우이치, 코지마 미츠코, 사노 미츠타카, 스기모토 긴야, 소네카츠 카즈미치, 타이라 미키, 탄노 토모후미, 토리가이 아키요시, 히구치 나오미, 후쿠다 히토시, 마치다 카츠노부, 무라카미 쇼우죠우, 무라야마 아키오, 요시다 키요시 님, 그리고 [DAYS BLG!] 대표인 마에다 타카유키 님을 비롯해 협력해 주신 모든 분들께 진심으로 감사드립니다.

김휘종(출판총괄)

치매는 나이나 환경에 상관없이 누구에게나 두렵고 힘든 병이지만, 그 속에서도 삶의 의미를 다시 발견할 수 있습니다.

이 책의 23명은 병을 부정하거나 숨기지 않고, 조금씩 변해가는 스스로를 있는 그대로 받아드리는 법을 우리에게 몸소 보여주었습니다. '나'라는 존재의 본질을 놓지 않으려는 그들의 용기는, 이 책이 전하는 가장 크고 묵직한 울림입니다.

더불어 그 곁을 지키며 함께 폭풍우를 견뎌내는 가족들에게도 위로와 울림을 주고 있습니다.

책을 준비하면서, 글에서 느껴지는 각 자의 무게감에 숙연해지기도 했습니다만 생각을 바꾸면 삶이 달라지고, 받아들임 속에서 여전히 미소를 잃지 않을 수 있다는 것을 느꼈습니다. 그리고 인간의 존엄과 사랑은 어떤 병도

지워버릴 수 없다는 사실을 배웠습니다.

이 책이 지금 이 순간에도 치매라는 파도를 지나며 힘든 시간을 보내고 계실 모든 분에게, 작지만 길을 잃지 않게 비춰주는 따뜻한 등대가 되기를 진심으로 바랍니다.

파도를 넘기도 하고, 파도를 타기도 하며...

치매라도 삶은 끝나지 않아

잊은 만큼
채워 가기

초판인쇄	**2026년 1월 9일**
지은이	**치매인 우리들(단노 토모후미 외 22명)**
번역	**김진아**
발행인	**김진아**
출판총괄	**김휘종**
발행처	**오솔book**
출판신고	**제 2025-000092호**
주소	**서울시 영등포구 국회대로 800 파라곤 1034호**
투고문의	**ausol.biz@gmail.com**
ISBN	**9791199540804 (03040)**